Sprachorgasmus

Sprachorgasmus

von
Siggi Sawall

Bibliografische Information der Deutschen Nationalbibliothek: Die Deutsche Nationalbibliothek verzeichnet diese Publikation in der Deutschen Nationalbibliografie; detaillierte bibliografische Daten sind im Internet über http://dnb.d-nb.de abrufbar.

© Siggi Sawall

Titelbild: Peter Fichte

Korrektorat, Lektorat, Redaktion: Peter Fichte
Layout, Covergestaltung: Veronique Griechen

Herstellung und Verlag: Books on Demand GmbH, Norderstedt

ISBN: 978-3-8391-2488-8

Inhalt

Vorwort

Die Sprache ist das Spiegelbild einer Nation. In diesem Buch geht es um die deutsche Sprache. Schauen wir in den deutschen Sprachspiegel, erkennen wir uns selbst.

»Sprachorgasmus« ist ein provokativer, ungewöhnlicher Titel. Wie aber soll man das »Wirrwarr« der deutschen Sprache bezeichnen? Eine Mischung mit Anglizismen und »denglischen« (deutsch-englischen) Wortkonstruktionen. Eine Flut neuer Wörter überschwemmt täglich unser Land und beeinflusst maßgeblich die Umgangssprache.

Der Autor ist ein Normalbürger, der den Wildwuchs in der deutschen Sprache beklagt. Egal, ob beim Einkaufen, Besuch von Veranstaltungen, Zeitung lesen, Fernsehen, Verreisen – ohne englische oder »denglische« Bezeichnungen scheint das Wirken im täglichen Leben nicht zu funktionieren. Um alles zu verstehen, sollte man zum Einkaufen am besten ein Wörterbuch mitnehmen.

Vorweg: Es geht nicht um Englisch als Fremdsprache.

Hauptfigur dieses Buches ist Fatima, ein Au-pair-Mädchen aus Marokko, das in unser Land kommt, um ihre deutschen Sprachkenntnisse zu erweitern. Dabei stößt sie auf viele Überraschungen. Fast überall begegnen ihr englische und denglische Bezeichnungen. Alle Bereiche des Lebens sind betroffen.

Was können nur die Gründe dafür sein, dass in Deutschland die eigene Muttersprache leichtfertig weggeworfen wird?
Ist es ein ungewöhnlicher Drang, eine besondere Antriebsfeder, die einer Begierde gleichkommt, vielleicht vergleichbar mit einem Orgasmus? Ein übersteigerter Genuss, die pure Lust, die eigene Muttersprache durch Anglizismen oder durch »denglische« Wortkonstruktionen zu ersetzen? Verwässert wird die deutsche Sprache außerdem durch »deukisch« (deutsch-türkisch), das vor allem im Jugendbereich gesprochen wird.

Dabei ist die Muttersprache doch ein wesentlicher Teil der Kultur eines Volkes.

»Neu-Deutsch« bei Fatimas Ankunft

Englische oder »denglische« Formulierungen werden oftmals als »Neu-Deutsch« bezeichnet.

Fatima spricht außer Deutsch noch Französich, Arabisch und ihre eigene Muttersprache. Englisch hat sie nicht gelernt.

Mit dem Flugzeug angekommen, legt sie den letzten Teil ihrer Reise mit der Eisenbahn zurück. Dass im Zug die Ansagen zweisprachig erfolgen, und zwar in Deutsch und Englisch, hält sie für normal.
Im Abteil sitzen Frauen und Männer, die sich in Deutsch unterhalten. Fatima versteht sie. Sie geht in den Speisewagen, auch hier wird Deutsch gesprochen.

Auf dem Bahnhof einer Großstadt steigt sie um. Der Bahnhof ist voller Menschen. Alle haben es eilig, ihren Anschlusszug zu erreichen – Treppe hinauf und hinunter. Einige flitzen den Bahnsteig entlang. Rundum Hinweistafeln in deutscher und englischer Schrift.

Der letzte Abschnitt der Bahnfahrt. Erwartungsvoll gestimmt erwarten wir Fatima.

Wir, das sind meine Frau, die beiden Söhne und ich. Wie mag Fatima nur aussehen? Wie auf dem Bild?
Dann erfolgt eine Lautsprecherdurchsage: Der Zug hat 10 Minuten Verspätung!

Gleich darauf wird zweimal eine Frau Krause ausgerufen, die am »Service Point« (Auskunft) erwartet wird.
Eine erneute Durchsage, dass der Zug nunmehr 20 Minuten später ankommen wird. Ich gehe eiligst zum Service Point, um zu erfragen, ob die neue Ankunftszeit stimmt. Tatsächlich, die 20-minütige Verspätung wird bestätigt.
Am Service Point sehe ich Frau Krause, eine ältere, hochgewachsene Person.

»Service Point«? So heißt es in Deutschland. Anders in Namibia, früher Deutsch-Südwestafrika. Im Hauptpostamt von Windhuk z.B. steht am Auskunftsschalter das deutsche Wort »Auskunft«, zusätzlich die entsprechenden Worte auf Englisch und Afrikaans.

Der verspätete Zug fährt ein! Endlich ist Fatima da. Ein zierliches Mädchen steigt aus. Fatima strahlt wie die Sonne an diesem Tag. Ein herrlicher Sommertag. Sportlich gekleidete Menschen.

Sportlich ein alter Herr, der in kurzer Hose auf einem Roller an uns vorbeistakt. Dünne weiße Beine, so weiß wie seine Hose. »Kickboard« heißt der Roller neudeutsch. Eine Art Kinderroller.

Geschäftiges Treiben in der Stadt. Auf den Straßen und in der Fußgängerzone Billigläden, Kaufhäuser, Boutiquen, Verkaufsstände, leerstehende Geschäfte.
Frauen zu zweit oder zu dritt, die am Schaufenster stehen und tuscheln. Sie lesen das Wort »SALE«, verstehen es aber nicht. Was heißt nun eigentlich »SALE«? Überall steht dieses Wort geschrieben. Ob im Schaufenster, an Ständen, überall.

Ist »SALE« ein Großkonzern?

Oder ist »SALE« ein Produkt, das verbilligt angeboten wird?
Fatima staunt, denn das gleiche Wort gibt es auch in der französischen Sprache. Nur im Französischen bedeutet es »billige, schmutzige Ware« oder »hoher Preis«.
Also schmutzige Ware für einen hohen Preis? Sie fragt die Verkäuferin, was »SALE« heißt, aber die weiß es auch nicht. »Das haben unsere Chefs gemacht«, antwortet sie.

Ist »SALE« neudeutsch?
»Sale« steht für Preisnachlass und ersetzt den Sommer- und Winterschlussverkauf. Offiziell abgeschafft, benutzt man nun das englische Wort »sale«.

Scheinbar verkauften sich »Sale-Produkte« anfangs nicht so gut, so dass die »Chefs« im Laufe der Zeit dazu übergingen, das Wort »reduziert« in Klammern hinzuzusetzen. Nun wurde das Wort „SALE" besser verstanden.

Flut der Anglizismen

Unsicher geworden betritt Fatima einen Kosmetikladen, um sich eine Handcreme zu kaufen. Als sie sich bei der Verkäuferin nach den Inhaltsstoffen erkundigt, muss diese passen. Sie kennt sie nicht und überreicht ihr die ganze Verpackung, in der eine Beschreibung auf Englisch liegt. Englisch versteht Fatima aber nicht, auch die Verkäuferin hat kein Englisch gelernt.
Ohne Kommentar reicht Fatima die Verpackung zurück und verlässt den Kosmetikladen.

Gegenüber steht ein großes Schild mit der Aufschrift »Du bist Deutschland« und sogar in Deutsch geschrieben. Abgebildet sind fünf fröhliche Jugendliche, Mädchen und Jungen. Fatima versteht den Sinn nicht.
Sie spaziert weiter.

Imbissstuben an jeder Straßenecke. Unter anderem werden »Hotdogs« (»Heiße Hunde«) angeboten, aber Hundefleisch isst Fatima nicht.

Einst hat ein deutscher Metzger Würstchen in die Vereinigten Staaten von Amerika (USA) exportiert. Deutsche Würstchen schmecken gut. Die Amerikaner nannten sie »Dackel-Wurst«, weil sie wie der gekrümmte Rücken eines Dackels aussah. Sie nannten die Wurst »Hot Dog« und exportierten sie unter dieser Bezeichnung wiederum nach Deutschland.

Im Kaufhaus werden »Body-Bags« angeboten, aus dem Englischen übersetzt: »Leichensäcke«. Leichensäcke? Aber sie sehen doch wie Rucksäcke aus. Fatima meint: »Gut, dass die Bodybags nicht im Flugzeug angeboten worden sind; ich hätte Angst gehabt.«
Ein Blick ins Wörterbuch hätte dem Schildermaler im Kaufhaus sicherlich das Leben erleichtert: »Rucksack« heißt nämlich auf Englisch »backpack« oder - gebräuchlicher - »rucksack«!

Am Verkaufsstand steht ein altes Ehepaar und unterhält sich. Sie hat Englisch gelernt, ihr Mann nicht. Er hat Schwierigkeiten, das Wort »Bodybags« auszusprechen.
Es gelingt ihm nicht. Seine Ehefrau faucht ihn an, weil er das Wort nicht richtig auf Englisch aussprechen kann. Fatima erstaunt: »Haben die keine anderen Sorgen?«

Friseurgeschäfte – »Hair-Studios«.
Kaum ein Friseurgeschäft ohne englische Bezeichnungen. Zum Beispiel »Leila's Hairstudio«. Früher hieß es »Frisiersalon Lottchen«.

Bäckerläden mit englischen Bezeichnungen wie »Back Shop« oder »Back Factory«.
Warum auch hier englische Bezeichnungen, wo doch im Ausland deutsche Back- und Brotwaren so geschätzt werden?

Überall keine Englisch sprechenden Kunden. Sie müssten doch scharenweise in Deutschland einkaufen und Dienstleistungen in Anspruch nehmen.

Fatima überquert eine Straße.
Ein Auto nach dem anderen, häufig mit englischen Reklameschildern. Ob sich Waren und Dienstleistungen so besser verkaufen lassen?
Fatima ist überrascht, als sie an einer Ecke eine Änderungsschneiderei mit einem deutschen Reklameschild sieht: »Nähstube«.

Ein Geschäft mit einer deutschen Bezeichnung, und geführt von einer Ausländerin, einer Frau aus Griechenland. Sie spricht ein gutes Deutsch und erklärt auch warum. Für sie sei es selbstverständlich, die Sprache des Gastlandes zu erlernen. So versteht sie auch besser ihre Kundinnen und Kunden, wozu auch ausländische Bürger gehören.

Nähstube

»Coffee To Go« – eine neue Kaffeesorte?

Müde vom Laufen sucht Fatima ein Café auf, das »Coffee To Go!«. Erst denkt sie, dass unter der Bezeichnung »Coffee To Go« eine neue Kaffeesorte zu verstehen ist: Kaffee aus Togo? Es dauert, bis sie erkennt, dass Kaffee zum Mitnehmen angeboten wird. Sie verlässt das »Coffee To Go!« ohne Kaffee und sucht ein richtiges Café auf.

Nicht weit entfernt ein Musikgeschäft mit »Wadde hadde dudde da«-Melodien. Was das für eine Sprache ist, kann Fatima nicht deuten – ist das etwa auch »neudeutsch«?

Oft hört sie, ob auf der Straße, in Geschäften oder sonst wo, den Ausdruck »Okay«, abgekürzt entweder O.K. oder o.k.
Er bedeutet: »richtig, in Ordnung«. Ein Ausdruck, der international verwendet wird und als das international bekannteste Wort gilt.
Eine Theorie besagt, dass Otto Kraus, ein Deutscher, in den USA bei der Autofirma Ford als leitender Mitarbeiter die Aufgabe hatte, fertiggestellte Automobile auf eventuelle Mängel zu kontrollieren. War ein Auto fehlerfrei, versah er es mit den Anfangsbuchstaben seines Namens, also mit O.K.

Es gibt auch andere Theorien über die Herkunft dieses meistexportierten amerikanischen Worts.

Englische Musik, Events und Highlights

Laute Musik schallt aus einem anderen Musikgeschäft. Englische Musik wird gespielt. Auch im Radio hört Fatima fast ausschließlich englische Schlager. Englische Musik auch auf Veranstaltungen, die »Events« heißen. Zunächst denkt sie, dass ein Event etwas ganz Besonderes sei. Sogar von »Highlights« (Höhe- / Glanzpunkten) ist die Rede.

Highlights? Sie machen erst recht neugierig. Wie ein Sog, der die Menschen zum Event drängt. Da muss man einfach hin!
Um den Sog nicht abebben zu lassen, werden nun» Mega-Events« angegpriesen – Events in Superlativform! Ein Mega-Event mit fast ausschließlich englischer Musik, nach der geklatscht und gehopst wird.
Ein Mega-Event soll eben noch anziehender wirken!

Deutscher Schlagerbeitrag auf dem Europäischen Musikwettbewerb, dem Grand Prix.

Ob in Englisch gesungen, ob im Nachthemd oder beim Strip vorgetragen wird, bisher hat es für die Deutschen zu keiner guten Platzierung geführt.

Nur einmal, vor mehr als 25 Jahren, hat eine deutsche Sängerin in ihrer Muttersprache von »Ein bisschen Frieden ...« gesungen und den ersten Platz belegt – damals ohne Glamour, aber mit Gefühl – das imponierte.

Fatima fährt nach Berlin und holt sich am Hauptbahnhof eine Fahrkarte.

»One-Way-Preise« werden (für eine Einwegstrecke) angeboten. Man kann auch mit der ganzen »Family« fahren. Fatima entscheidet sich für den Schlafwagen (Inter City Night).

Eine Schlange wartender Kunden vor den »Countern« (Fahrkartenschaltern). Nur zwei von fünf sind besetzt. Doch auch hier wird Deutsch gesprochen!

In Berlin lernt sie Pedro, einen spanischen Studenten, kennen. Sprachprobleme haben beide nicht, denn sie sprechen deutsch. Der Student bemerkt dazu: »Wenn die Berliner hören, dass ich nicht fließend Deutsch spreche, antworten viele sofort auf Englisch, statt langsam auf deutsch zu reden. Sie finden es ganz toll, sich in Englisch zu üben. Dabei möchte ich doch Deutsch lernen.«

Die Frage ist, wer »schleichend« unser Land mit Anglizismen überzieht.
Niemand von außen drängt uns dazu, etwa von »Kids« oder »Mega-Events« zu sprechen ...

Es sind die eigenen Landsleute in Führungsgremien von Staat, Wirtschaft und Medien.

Fatima erlebt die Fussball-Weltmeisterschaft in Deutschland.
Die deutsche Jugend feiert, ist ausgelassen, singt. Jugendliche, die fröhlich die Nationalfahne schwenken. Ein buntes Fahnenmeer. Selbst deutsche Politiker tragen, dem Stimmungsbild entsprechend, einen Schal in den Farben der Nationalflagge. Sie trauen sich jetzt!
Ausgelassene Stimmung in den Fußballstadien und auf Stadtplätzen. Und man singt auch Fußballlieder in Deutsch.

Einige Kirchen versuchen, die Stimmung für ihre Zwecke zu nutzen. Sie werben mit englischen Sprüchen, wie z. B. »Public Viewing«, und stellen ihre Räume zur Verfügung, um live die Fußballspiele zu übertragen.

Auch später, nach den Spielen werden Gottesdienste in englischer Sprache durchgeführt. Ganz im Gegensatz zu den Bemühungen um Integration, in der gerade die deutsche Sprache eine wesentliche Rolle spielt.

Deutsche Medienlandschaft: Fernsehen, Presse und Sprachentwicklung

Eigentlich sollten die Medien in Bezug auf die Pflege der deutschen Muttersprache eine Vorbildfunktion einnehmen. Sollten ...

Vielfältig ist das Fernsehprogramm.
Schon am Nachmittag werden Beziehungsprobleme (oberflächlich) von Jugendlichen in einer Sprache erörtert, die schlampig ist. Die Studiogäste lümmeln sich auf dem Sofa, sprechen abgehackt und pöbeln sich gegenseitig an. Das meist jugendliche Publikum grölt, klatscht und johlt.
Je eindeutiger die »Schlampensprache« ist, desto größer der Beifall. Ein »Sprach-Klamauk«.
Aber was bedeutet schon die Sprache, wenn es um Einschaltquoten und die schnelle Rendite geht?

In der Medienvielfalt Sender, in denen man sich von Verkaufsveranstaltung zu Verkaufsveranstaltung zappt.
Je später der Abend, desto unbekleideter die »Verkäuferinnen« (Verkaufsmoderatorinnen).

Um ihr Sprachvolumen zu erweitern liest Fatima täglich die Tageszeitung. Doch, ob Zeitung oder Zeitschrift – eine Flut von Anglizismen!
Kein Tag vergeht, an dem nicht in Anführungsstriche gesetzt englische Wörter stehen, selbst in den Überschriften. Liest man den Text darunter, können selbst Briten oder Amerikaner den Sinn der Überschrift nicht erkennen.

Deutsche Unternehmen und inzwischen auch Institutionen werben in englischer Sprache, weil sie glauben, dass der Käufer dann eher bereit ist, das Produkt oder die Dienstleistung zu erwerben.
Das ist sicherlich ein Irrtum in einem Land mit deutschen und nicht amerikanischen oder englischen Kundinnen und Kunden. Deutsche Kunden verstehen meist den Sinn nicht!

In einer Zeitschrift heißt es z.B.: »Come in and find out« – »Komm rein und finde den Weg raus«. Was sollen die Kunden davon halten? Viele sind erst gar nicht ins Geschäft gegangen. Hier bewirkt Werbung genau das Gegenteil von dem, was sie erreichen will.

Im Hafen von Hamburg wurde ein einfacher Aussichtspunkt zum »Outlook Point« erklärt.

Das soll neugierig machen – aber wer versteht es?

In einer Zeitschrift steht in einer Überschrift auf Englisch: »And the winner is ...«. Übersetzt heißt es: »Und der Gewinner ist ...«, auf Deutsch doch verständlicher!

In einer anderen Formulierung heißt es: »Gesucht: Germany's next Top-Mutter«. Auf Deutsch: »Gesucht wird die tollste Mama.«

In einer Sportzeitschrift ist der Medaillen-spiegel der Leichtathletik-Europameister-schaft abgedruckt.
Die Reihenfolge wird mit »Ranking« überschrieben.

Eine Zeitung berichtet über den »Girls' Day«, den Tag für Mädchen, um Berufe kennenzulernen.

Eine Veranstaltung unter dem Namen »7th Heaven« (7. Himmel) wird abgesagt. Haben die Kunden etwa nicht den Sinn verstanden? Würde sich die deutsche Übersetzung »Im Siebten Himmel« nicht viel romantischer anhören?

Was wird aus dem Pfennigabsatz?

Eine Sprache verändert sich durch interne und externe Einflüsse, soziale und kulturelle Veränderungen. Ein Beispiel ist die Währungsumstellung von Deutscher Mark auf den Euro.

Sprichwörter verlieren an Aussagekraft.
Einst prägte der *Pfennig* die Umgangssprache. Es ist eine Frage der Zeit, wann auch für den »Pfennigabsatz« eine englische Formulierung in der Schuhmode gefunden wird.

»Wer den Pfennig nicht ehrt, ist des Talers nicht wert« oder »den Pfennig dreimal umdrehen«.
Wo bleibt der »Glückspfennig«? Wo die »schnelle Mark«?
Diese Zeiten sind – zumindest für den Normalbürger – vorbei.

Dafür Angebote in englischer Sprache, z.B. »Flatrate«-Angebote von der Telekom. Inzwischen gibt es auch eine Flatrate-Angebotswerbung von Bordellen: körperliche »Liebe« zum Pauschalpreis.
So verändert sich die Sprache, auch im Englischen. Die Engländer fürchten inzwischen um ihre Sprache, weil sie von der Werbung missbraucht wird.

Die Überflutung mit Anglizismen macht die Menschen unsicher. Sie zeigt Wirkung.
Hier ein besonders »gelungenes« Beispiel: Aus der Schadow-straße wird eine »Schäddo-Straße«.

Lieber sich auf Englisch ausdrücken, um nichts falsch zu machen, wenn auch falsch!

Welch ein Ehrgeiz in unserem Land, Eigennamen und Begriffe in der jeweiligen Fremdsprache auszudrücken.
Welch ein Wortgerangel war um den Namen des ehemaligen polnischen Gewerkschaftsführers »Lech Valesa«.
Wird er nun »Walensa« oder »Wallessa« geschrieben? Wie spricht man den Namen eigentlich aus?
Erst als er Anfang der 90er Jahre des letzten Jahrhunderts polnischer Staatspräsident wurde, war man so weit, den Namen richtig zu schreiben und auszusprechen. Ihn nach deutscher Klangfolge auszusprechen, wäre doch »undeutsch« gewesen.
Der deutsche Ehrgeiz hat gesiegt!

Die deutsche Sprachentwicklung zeigt, dass sie schon seit Jahrhunderten starken Einflüssen ausgesetzt ist.
Latein war einst die Sprache gewisser Stände, Gelehrter und Kirchenvertreter. Noch immer

wird in der katholischen Kirche in Latein gebetet und gesungen.

Der Reformator Martin Luther war eigentlich derjenige, der durch die Bibelübersetzung der deutschen Sprache einen Rahmen gab.
Deutsche Schriftsteller wie Lessing, Schiller und Goethe schrieben Werke in Deutsch, die zur Weltliteratur wurden. Auch Heinrich Heine und andere Dichter sowie Philosophen brachten das Deutsche zu einer Sprache mit Weltgeltung.

Deutsch war einst die führende Sprache der Kultur und Wissenschaft.

Die deutsche Sprachentwicklung wurde nach kriegerischen Auseinandersetzungen teilweise auch durch Siegermächte beeinflusst. Als die Deutschen den Dreißigjährigen Krieg (1618-1648) verloren hatten, sprach man in hohen Kreisen ausschließlich Französisch. Auch die Umgangssprache wurde beeinflusst.

Generalpostmeister Heinrich von Stephan (1831-1897) wehrte sich dagegen, indem er im Postwesen Fremdwörter durch deutsche Wörter ersetzen ließ. So wurde zum Beispiel das »Telephon« in »Fernsprecher« umbenannt.

1890 verfügte Kaiser Wilhelm, dass bei Abiturprüfungen die Aufsätze auf Deutsch und nicht mehr auf Griechisch oder Latein zu schreiben waren. Damit nahm er konkret Einfluss auf die Pflege der deutschen Sprache.

Ein ganz anderes Denken und Handeln herrscht in Frankreich in Bezug auf die Pflege ihrer Muttersprache. Die Franzosen haben schon immer auf die Reinheit ihrer Sprache geachtet; das hat Tradition. 1635 wurde die »Französische Akademie« zur Pflege der Sprache gegründet. Als nach dem Zweiten Weltkrieg immer mehr Anglizismen sich in die französische Sprache einschlichen, reagierte der Staat. In Regierungspublikationen, Gesetzen und Verordnungen wurden und werden Anglizismen durch sinnvolle französische Wörter ersetzt.
Auf einer internationalen »Konferenz französisch sprechender Länder« durfte nur französisch gesprochen werden. Der damals amtierende französische Präsident Chirac ließ z.B. keine Frage in Englisch zu.

Ganz anders stellt sich die Sprachentwicklung in unserem Land dar.
Kaum, dass die Deutsche Telekom zu einer Aktiengesellschaft umfunktioniert wurde, begann sie damit, Telefonrechnungen in

Englisch zu erstellen und Gespräche mit englischen Begriffen zu bezeichnen. Aus dem Ortsgespräch wurde ein »City Call«,

Nahgespräche hießen »Regio Call«, Ferngespräche wurden »German Call« und Auslandsgespräche »Global Call« genannt.

Dies führte zu Kuriositäten und zu einem »stillen« Protest:

Kunden wollten in US-Dollar oder englischem Pfund bezahlen. Andere schickten ihre Telefonrechnungen in die USA bzw. nach Großbritannien. Sie kamen aber postwendend zurück, denn die Kunden lebten in Deutschland und nicht in den USA oder England.

Es kam zu einem Gerichtsprozess, der mit einem Vergleich endete. Seitdem werden die Telefonrechnungen in Deutsch und Englisch, also zweisprachig, gedruckt.

Ein Vorstandsmitglied eines großen deutschen Unternehmens, das vor Funktionsträgern sprach, setzte seinen Vortrag »plötzlich« in Englisch fort. Angeblich bemerkte er dies gar nicht. Als er es schließlich bemerkte, zierte er sich.

Wollte er zum Ausdruck bringen, dass er Englisch genau so gut wie seine Muttersprache beherrscht?

Oder war es nur Imponiergehabe?

Es wird doch nicht die neue Denk- und Sprachweise im »Land der Dichter und Denker« sein?
Der Sprachvirus geht um.

Deutsche Wissenschaftler berichten auf internationalen Kongressen über ihre Forschungsergebnisse in englischer Sprache.
Sie schreiben auch ihre Abhandlungen und Fachbücher in Englisch.
Man »radebrecht« also lieber in einer Fremdsprache, als sich in der eigenen Muttersprache auszudrücken.
Ist man sogar stolz auf diese »Errungenschaft«?
Auch hier Imponiergehabe?

Nach Aussage der Sprachwissenschaft ist es von unschätzbarem Vorteil, wenn ein Mensch in seiner Muttersprache denkt, vorträgt, schreibt und sich dadurch genauer artikulieren kann.
Speziell in Texten kann man Details treffender zum Ausdruck bringen.

Deutsch als Wissenschaftssprache scheint nicht mehr den Stellenwert zu haben.
Wissenschaftler aus den osteuropäischen Ländern, die oftmals sehr gut Deutsch sprechen, werden bald ihre Vorträge nicht mehr in Deutsch, sondern in Englisch halten

und schreiben. Sie werden sich im Laufe der Zeit immer mehr der englischsprachigen Welt zuwenden.

Und zu befürchten ist, dass wissenschaftliche Fachkräfte zukünftig den Standort Deutschland seltener wählen. Ein schleichender Prozess, der mit deutscher Unterstützung erfolgt.

Peinlich, wenn deutsche Persönlichkeiten im öffentlichen Leben in ihren Formulierungen korrigiert werden. Eigentlich müssten sie doch wissen, wie man sich ausdrückt.

Ein »Flyer« (Faltblatt) mit deutschen Worten in englischer Lautschrift gefällig?

Vorbildlich und praktikabel ein kleines Heftchen, das die Kölner Stadtwerke im Rahmen des katholischen Weltjugendtages für ihre Mitarbeiterinnen und Mitarbeiter herausbrachten: ein englisches Wörterbuch in deutscher »Sprachschrift«. Auf diese Weise ließen sich problemlos Fragen beantworten und Missverständnisse verhindern.

Auf diese Weise kann man sich auch weltoffen zeigen.

Deutsche Technik »verpackt« in englische Sprache.

»Made in Germany« ist international nur noch ein Flüstertipp, denn die EU-Richtlinien sehen vor, dass auf den Waren nur noch »Made in Europe« vermerkt werden darf.
»Made in Germany« bürgte früher für Qualität und Zuverlässigkeit. Tugenden, die in unserem scheinbar immer mehr an Stellenwert verlieren, aber in der Welt bekannt sind und geschätzt werden.

Geschätzt sind deutsche Automobile. Deutsche Produkte mit englischen Namen?
Als deutscher Autokäufer benötigt man allerdings fundierte Englischkenntnisse, um alle Begriffe zu verstehen. Begriffe wie »Sportline«, »Comfortline«, »Trendline«, »Highline« und viele mehr. Lackfarben für Karosserien liest man in Englisch so: »Arctic Silver«, »Candy Weiß«, »Granite Green«, »Shadow Blue«, »United Silver«, usw.

Es darf die Frage erlaubt sein, warum für deutsche Automodelle keine deutschen Namen gefunden werden. Man will es so!

Englisch für deutsche Kunden? Was ist denn mit Kunden, die kein Englisch gelernt haben (wie aus der ehemaligen DDR)?

Pauschal wird alles mit dem Schlagwort der »Globalisierung« begründet. Das ist aber nur teilweise richtig, denn unter »Globalisierung« wird inzwischen »alles« untergebracht.
Wer weiß z.B. auf der Welt – bis auf Experten – dass der »Airbag« (Luftsack / -beutel) eine deutsche und keine amerikanische Erfindung ist?
Deutsche Wettbewerbsvorteile in Englisch?

Die Sprache müsste eigentlich auf Kunden bezogen sein, die in ihrem Land das Auto kaufen, zumal der Kunde doch im Mittelpunkt stehen soll.
So heißt es jedenfalls in der Werbung.

Gewisse Fachbegriffe in der technischen Sprache, z.B. in der Computerbranche, sind sinnvoll. Nicht verständlich ist jedoch manche Anweisung mit Computer-Begriffen, die mit deutschen Wörtern ergänzt werden. Sie ist schwer zu verstehen, auch für die, die mit der Anweisung arbeiten sollen (Fachleute in der Branche).

Hier ein Beispiel:
Der Chief Information Officer (CIO) bittet eine seiner Ressourcen, eine Roadmap zur Erstellung von E-Commerce-Prozessen zu eruieren, welche Hardware für dieses Projekt benötigt wird.

Könnte man es verständlicher auch so sagen? »Der Abteilungsleiter bittet einen seiner Mitarbeiter, einen Projektplan zu erstellen um sich zu erkundigen, welche Computerausstattung für dieses Projekt benötigt wird.«

Wenn im Altertum schon derart kompliziert geschrieben wurde, dann ist verständlich, dass wir heute die Schriftzeichen auf Steintafeln nur schwer oder auch gar nicht entziffern können.

Englisch in deutschen Firmen

Grotesk ist, dass in einigen deutschen Firmen während der Arbeitszeit nur englisch gesprochen werden darf. Das ist obligatorisch, sagt man. Fragt man warum, wird dies mit einem Wettbewerbsvorteil, den man sich international erhofft, erklärt.

In einigen deutschen Firmen überlegt man sogar, ob die Anrede »Sie« durch das englische »you«, also »Du«, ersetzt werden soll.
Mit dem »Kuschel-Du« glaubt man, den Teamgeist und damit (natürlich nicht öffentlich gesagt) die Produktivität und den Gewinn zu erhöhen. Um dieses Ziel zu erreichen, wählt man nicht nur Anglizismen, sondern auch »denglische« Wortkonstruktionen.

Kritisch wird das deutsche Sprachphänomen in Polen gesehen, wenn deutsche Firmen in Polen von ihren polnischen Mitarbeitern als zweite Fremdsprache Englisch und nicht Deutsch verlangen.

Denglisch ist keine Sprache, sondern beschreibt eine künstliche Wortkonstruktion aus Deutsch und Englisch.

Es kommt im Denglischen auch nicht darauf an, ob für den Begriff ein zutreffendes deutsches Wort gewählt werden könnte. Hauptsache ist, das Produkt klingt mit einem denglischen Wort gut und lässt sich noch schneller verkaufen. Dabei muss das Produkt auch gar nicht so genau beschrieben werden.

Die Flut von Anglizismen und denglischen Begriffen scheint unser Land wie eine »Heuschreckenplage« zu belagern.
Selbst öffentliche Einrichtungen werben inzwischen für sich in englischer Sprache, um Kunden anzuziehen. Nach Zeitungsberichten z.B. das Röntgen-Museum in Remscheid.

Aber die ausländischen Besucher kommen nicht.

Was würde zu allem nur Wilhelm Conrad Röntgen, der Erfinder der nach ihm benannten Strahlen, sagen?

Werden eines Tages auch die Werke von Goethe und Schiller mit Anglizismen ergänzt, nur um sie noch besser verkaufen zu können? Das wäre doch, »globalisiert« gedacht, vor allem ein Service für Briten und Amerikaner, die grundsätzlich keine Fremdsprache erlernen. Es ist auch bequemer, sich alles ins

Englische übersetzen zu lassen. Außerdem wird irgendwo auf der Welt noch jemand sein, der einige Wörter Englisch spricht.
Dass man beim Erlernen einer Fremdsprache nicht nur die Vokabeln lernt, sondern die Kultur eines Volkes, seine Sitten und Gebräuche kennenlernt, das wird ignoriert und scheinbar nicht als wichtig angesehen.

Eine Ausnahme bildet die britische Polizei.
Beim Import deutscher Schäferhunde nach England müssen englische Polizisten zunächst ein paar deutsche Worte lernen, bevor sie die Schäferhunde übernehmen. Denn die reagieren zunächst nur auf deutsche Befehlswörter wie »Aus!«, »Hol!« oder »Sitz!«. Erst nach und nach werden sie durch englische ersetzt.

Die deutsche Sprache nach Auflösung der Deutschen Demokratischen Republik (DDR)

Welch ein Aufschrei wäre erfolgt, wenn in der ehemaligen DDR die deutsche Sprache mit russischen Wörtern ergänzt worden wäre?!!

Die Landsleute aus der ehemaligen DDR haben nach der Wende viel auf sich nehmen müssen.
Nicht nur ein Stück Land, sondern es sind fast 18 Millionen Deutsche eingegliedert worden. Menschen mit ihren Alltagssorgen, Mentalitäten und Strukturen. Sie haben Russisch, aber grundsätzlich kein Englisch gelernt.

Von einer geistig-moralischen Wende wurde gesprochen. Geblieben davon ist aber wenig. Die deutsche Sprache veränderte sich zusehends.

Eine Lehrerin von Rügen kommentierte dies in einem Brief: »Sicher ist es „cool" und modern, Englisch zu sprechen. Die Deutschen eifern den USA nach und finden alles gut, was von dort kommt. Wenn man so tut, als könne man

Englisch, ist man doch heute „Wer" gegenüber denen, die es nicht gelernt haben. Die, die es können, fühlen sich den anderen überlegen – die anderen sind ganz „klein". Man will mithalten und nicht unbedeutend sein.
Es wertet anscheinend auf, Englisch zu beherrschen. Es ist modern und fortschrittlich, und wer möchte dies nicht sein.«

Gleich nach der Wende führte mich der Weg auf Deutschlands größte Insel, nach Rügen. Graue, verschnörkelte Häuser an der Strandpromenade in Binz. Grau in grau, wie der Himmel darüber. Von der Fassade einer Villa bröckelte der Putz ab.
Oberhalb der Villa konnte man noch die Abdrücke der Buchstaben »Kindergarten« lesen. Sie waren abgefallen, lagen auf dem Boden.
Kindergeschrei drang aus dem Gebäude, in dem ein Kindergarten untergebracht war.
Schon bald schien es in Deutschland keine »Kinder« mehr zu geben. Stattdessen sprach man von »Kids« (englisches Kosewort für »niedliche Zicken, Rehe«)! Zicklein als Kosewort für Kinder?
Ob so der Begriff »Zickenalarm« entstanden ist?
»Kind« wird mit »child« übersetzt!

Aus den Kindergärten wurden »Kinder-
tagesstätten« (Kitas). Doch hört sich »Kindergarten« nicht viel romantischer an und
erinnert an Kinder, die in einem blühenden
Garten spielen?

Übrigens: Das englische Wort für »Kindergarten« heißt »kindergarten« …!

Deutsche im Ausland und ihre Muttersprache

Viele Deutsche im Ausland sprechen zunächst englisch, auch unter sich. Da kann man nichts verkehrt machen.

Spätestens aber bei der Frage, woher man kommt, setzt das Lachen ein. »Ach, Sie kommen aus Gelsenkirchen? Ich komme aus Hamburg. Dann können wir uns ja auch auf Deutsch unterhalten.«

Als schäme man sich der eigenen Muttersprache.

Da viele Deutsche im Ausland zunächst lieber Englisch sprechen, entsteht der Eindruck, dass jeder Deutsche Englisch spricht. Dieses Bewusstsein vermitteln meist auch die offiziellen deutschen Vertreter.

Das führt dazu, dass deutsche Reisegruppen oftmals gefragt werden, ob man statt in Deutsch lieber auf Englisch vortragen soll. Einige Wichtigtuer antworten lauthals: »Englisch«!

Betretenes Schweigen bei den anderen, denn niemand möchte als »ungebildet« angesehen werden.

Fragen dieser Art würden nie an französische, spanische oder italienische Reisegruppen gestellt werden; auch nicht an russische Gruppen.

Ein Beispiel:
Auf einem finnischen Schiff befanden sich etwa 95% deutsch sprechende Passagiere. Doch sämtliche Aushänge und Publikationen waren in Finnisch, Schwedisch, Englisch und Russisch abgefasst ...

Deutsche Sprache auf internationalem Parkett

Schämen sich etwa deutsche Diplomaten und Angestellte bei der Europäischen Union (EU) ihre Muttersprache zu sprechen und zu schreiben, obwohl Deutsch als dritte Arbeitssprache offiziell eingeführt wurde? Warum verleugnen sie ihre eigene Muttersprache?

In der EU leben allein über 100 Millionen deutsch sprechende Bürger. Deutsch ist in Europa die meist gesprochene Sprache und bildet sozusagen die sprachliche Brücke zu Osteuropa.

Selbst in den ehemaligen Sowjetrepubliken, den heutigen GUS-Staaten (Gemeinschaft unabhängiger Staaten), wird die deutsche Sprache gefördert, und in China wird Deutsch als Zweit- bzw. Drittsprache gepflegt.

Wie sehr die EU versucht, auf Eigenarten der Sprachen ihrer Mitglieder Einfluss zu nehmen, soll am Beispiel Spaniens dargestellt werden: Man versuchte, im spanischen Alphabet einen bestimmten Buchstaben zu streichen, und zwar »ñ«, also das »n« mit Tilde als Aussprachezeichen.

Begründet wurde dies mit der Tastatur der Computer. Kein Platz sei für diesen Buchstaben vorhanden.
Die Hüter der spanischen Sprache, federführend die »Königliche Akademie«, bestanden aber darauf, das »n« mit aufgesetztem Aussprachezeichen nicht wegfallen zu lassen. Sie begründeten dies wie folgt: »Wir können doch nicht auf einen Buchstaben im spanischen Alphabet verzichten, der einen Laut beschreibt, für den andere Sprachen zwei Buchstaben benötigen.«
Die Schweden haben z.B. das »a« mit dem Aussprachezeichen (å), die Dänen das »o« mit Querstrich (ø) und die Deutschen das »ß« …

Deutsch als Landessprache wurde bisher nicht ins Grundgesetz aufgenommen, obwohl unser Land Deutschland heißt. Politisch äußerte man sich wie folgt: »Es gibt Wichtigeres zu tun.« Ganz im Gegensatz zu anderen deutschsprachigen Nationen, z.B. Österreich, die »Deutsch« als Landessprache in ihrer Verfassung verbrieft haben.

Oder sind die USA auch diesmal unser Vorbild? Sie haben nämlich in ihrer Verfassung keine verbriefte Landessprache. Man ist der Auffassung, dass sich Englisch nur »eingebürgert« hat.

Ein deutsches Bundesland wirbt sogar in englischer Sprache. Es spricht internationale Geschäftspartner an.
Vermutlich käme kein anderes Land auf der Erde auf die Idee, in einer Fremdsprache für sich zu werben.

Wäre der Werbespruch nicht glaubwürdiger, wenn er in der eigenen Muttersprache formuliert worden wäre und in Klammern der englische Text stehen würde?

»We love the New« (Wir lieben das Neue), heißt der Werbespruch. Was aber ist das »Neue«? Lieben wir das »Neue«, nur weil die Tradition geleugnet wird?

Ist Amtsdeutsch Deutsch?

Ja, es ist deutsch. Viele Bürger regen sich über dieses Deutsch mehr auf, als über das Sprach-Wirrwarr in der Umgangsprache.
Das liegt natürlich daran, dass man persönlich betroffen ist, wenn man Post vom Amt bekommt. Hölzern und steif, aber juristisch »wasserdicht«, meist unverständlich und arrogant, werden Gesetze, Verordnungen und Texte formuliert. Keine Frage, dass der Inhalt insgesamt verbindlicher, dadurch verständlicher und bürgernäher sein könnte.

Solch einen Brief vom Amt erhält auch Fatima. Sie versteht ebenfalls nicht die steifen Wortkonstruktionen und sucht das Amt auf.
Eine erdrückende Atmosphäre. Lange Flure und viele Türen. Eine geht zu, die andere geht auf.
Eine Frau tippelt mit einer Akte auf dem Gang, die andere trägt eine Kaffeekanne.
Wartende Bürger sitzen längs des Flurs auf Holzbänken.
Damen mit Stöckelschuhen laufen graziös, wie auf einem Laufsteg.

Fatima rätselt. Ob es Amtsdamen sind? Würdevoll ihr Laufstil.

Fatima geht ins Büro. Am Schreibtisch sitzt eine Frau Amtmann. Soll Fatima sie nun mit »Frau Amtmann« oder »Amtmännin« oder »Amtsfrau« ansprechen?
Die Frau ist freundlich und Fatima kann den Sachverhalt klären. Das Problem ist gelöst.

Abends hört Fatima Fernsehnachrichten.
Man spricht von »Opelanerinnen und Opelanern«, aber auch von der »Bad Bank«. Eine Bank, die Wertpapiere übernimmt, die eigentlich keinen Wert mehr und sich in »Luft« aufgelöst haben.
Hört sich die englische Formulierung »Bad Bank« nicht harmlos an, fast »niedlich«?

Nach den Nachrichten folgt ein Fernseh-Interview mit einem bekannten deutschen Musikinterpreten, der von einer Asienreise zurückkehrt ist und folgendes berichtet: »Im Ausland wächst das Interesse an deutschen Liedern. Doch komme ich nach Deutschland, soll ich englisch singen …«

Man hat den Eindruck, dass in Deutschland ohne Anglizismen die öffentliche Ordnung nicht sichergestellt werden kann.

Keine Sportveranstaltung, keine Feierlichkeit ohne Anglizismen – und ist der Verein noch so klein!

Wird die Ski-Saison eröffnet, spricht man von einem »Ski-Opening«. Am Wochenende (»Weekend«) wird sie eröffnet.
Es ist ein »Power-Weekend« und die Losung heißt »Back to snow« (Zurück in den Schnee). Wer hätte das gedacht?

Scheinbar geht es auch nicht mehr um sportliche Erfolge, sondern um einen sprachlichen Wettbewerb mit dem Ziel, möglichst viele Menschen anzulocken, die das Geschäft sicherstellen.

Jugendsprache, ein Sprachcocktail aus Anglizismen, Denglisch und Deukisch

Fatima hört ein Gemisch aus Deutsch, Türkisch und Arabisch, das man mit »Deukisch« (deutsch-türkisch) bezeichnet. Eine weitere Ergänzung zum deutschen Sprach-Cocktail? Eine Sprachnische der Jugendlichen, die ihre eigene Ausdrucksweise haben.

Wortbildungen mit »...isch«, »Yallah« (auf geht's) usw. prägen teilweise die Jugendsprache. Sie ist kurz und abgehackt.

Mit »Hi! « (»Hai« gesprochen) begrüßen sich viele Jugendliche. Schon seit einiger Zeit haben sie das etwas längere Wort »Hallo« den Erwachsenen überlassen.

Internettypische Abkürzungen beeinflussen sehr stark die Sprache. Korrespondiert wird mit englisch-denglisch-deukischen Kürzeln. Auf die richtige Schreibweise und Grammatik kommt es dabei gar nicht an. Entweder versteht man den Inhalt oder nicht.

Etwa ein versteckter Protest der Jugend? Eine Art Gegenwehr? Vielleicht eine Gegenkultur zur Gesellschaft, die sich respektlos zeigt?
Soziale Strukturen, die sich immer mehr verlieren. Werte wie Hilfsbereitschaft, Rücksichtnahme, Toleranz usw. sind kaum noch vorhanden.

Die Jugend sucht ihre Sprachnischen, um sich von den Erwachsenen abzusetzen. Ein Spiegelbild des deutschen Sprach-Wildwuchses. Vorurteile »Alt gegen Jung«, und umgekehrt. Die Polarisierung greift immer mehr um sich, doch gegenseitige Schuldzuweisungen führen zu nichts.

Die Erwachsenen sind im Grunde genauso unsicher wie die Jugend. Sie sind orientierungslos.
Eine Gesellschaft, in der einige Eltern jünger als ihre Kinder aussehen wollen, nur um sich zu profilieren.
Jugendliche belächeln allerdings diese Art von Darstellung. Vor allem, wenn Ältere Wörter aus der Jugendsprache übernehmen.

»Geil« ist so ein Wort. Was wollen Erwachsene damit zum Ausdruck bringen? Dass sie die Jugend etwa besser verstehen, einen »direkten« Draht zu ihnen haben?

Selbst im Sport spricht man von einem »geilen« Tennisspiel oder im Fußball von einer »geilen« Spielweise. Ob einige Trainer mit diesem Ausdruck eine neue taktische Variante meinen?

Wird zukünftig das Stadion zu einer geilen Spielwiese, auf der geile Spieler sich bewegen und ihre Muskeln zeigen?

Verständlich, dass immer mehr Frauen sich Fußballspiele ansehen.

Halloween – „Hallo Wien", warum nicht „Hallo Berlin"?

Halloween ist ein altes irisches Volksfest, das die auswandernden Iren vor mehr als 100 Jahren als irisches Brauchtum mit in die USA nahmen, so wie die deutschen Auswanderer den Weihnachtsbaum und Fußball.

In den USA wurde dieses Fest zu einer Party umgestaltet und wegen ausufernder Exzesse eine zeitlang verboten. Vor einigen Jahren wurde Halloween nach Europa exportiert und findet seitdem in unserer »Spiel- und Spaßgesellschaft« einen würdigen Platz. Mit dem Fest »Halloween« kann man Geld verdienen, und darauf kommt es an!

Käme dieses Fest aus Irland, dem Mitgliedsstaat der EU, niemand hätte sich dafür interessiert. Das alte irische Volksfest hätte keine Chance gehabt, hier gefeiert zu werden.

Aber als Party? Mit Vampiren, Monstern und Hexen, die Angst und Schrecken verbreiten?

Handys und der »Kulturschock«

Das Handy hat weltweit Verehrerinnen und Verehrer. Die meisten können sich ein Leben ohne Handy gar nicht vorstellen. Das Handy scheint sogar den Hund als treuesten Begleiter des Menschen verdrängt zu haben.

Ob im Zug, im Bus, in der Straßenbahn, im Supermarkt, im Restaurant, im Bett, in der Badewanne oder im Konzertsaal – überall bimmelt das Handy.
Es ist ein Statussymbol geworden. Vor etwa 15 Jahren so groß wie ein Hundeknochen, ist es heute nur noch ein kleines Gerät.

Entstanden ist der Begriff »Handy« für ein drahtloses Mobiltelefon Anfang der 1990er Jahre. Wie genau, ist unklar.
In England bedeutet »handy« soviel wie »praktisch, bequem, handlich«.

Fatima hört eine ganz andere Geschichte, wie der Begriff entstanden sein soll, nämlich in Schwaben: »Als das erste Mobiltelfon auf den Markt kam, fragte ein Schwabe: „Hän die koi Kabel dran?« Entstand so der Name „Händie"?

Klingeltöne oder -melodien im Bus oder Zug.
Menschen, die zur Arbeit fahren, oft noch
schläfrig, werden durch den Melodienreigen
geweckt. Lautstarkes Klingeln oder das Ge-
dudel von Melodien. Bei einem Franzosen
spielt das Handy den ersten Teil der
französischen Nationalhymne – oh, welch ein
Patriot!
Man weiß jedenfalls, welche Musik der je-
weilige Handybesitzer liebt.

Frauen, Männer und Jugendliche laufen – oft
scheinbar gedankenverloren – durch die Stadt
und blicken starr auf ihr Handy.
Sie verschicken SMS, »simsen«, wie besessen.
In einer Hand halten sie das Gerät, mit der
anderen wird getippt.
Sie schauen weder nach rechts noch nach links.
Den »Versunkenen« muss man ausweichen,
man würde sie anrempeln.

Die Handysprache ist eine abgehackte
Schriftsprache. Virtuelle Kommunikation mit
wenig Platz für Gefühle und Sinnlichkeit.
Korrespondenz, die zu einer weiteren Verstüm-
melung der Sprache führt.

Es ist verführerisch, plötzlich aufkommende
Gedanken und Gefühle sofort absenden zu
können.

Geduldig wartet man dann auf die Antwort, denn schließlich will man jederzeit und überall erreichbar sein.

Als einmal das Netz zusammenbrach und man mit dem »größten« Spielzeug der Welt nicht mehr telefonieren konnte, führte dies in unserer Gesellschaft bei vielen zu einem »Kulturschock«.

Ein Handy scheint heutzutage unverzichtbar zu sein. Es wird gequasselt, meist belanglose Gespräche. Dass sie finanziert werden müssen, scheint nicht zu interessieren. Irgend einer wird es schon bezahlen.

Einige Personen lassen sich ihr Handy sogar als Beigabe mit ins Grab legen, um erreichbar zu sein. Aber auch aus Sorge, dass sie im Sarg plötzlich aufwachen (so ein Bericht des englischen Fernsehsenders BBC).

Sport und Sprache

Immer mehr neue Sportdisziplinen mit englischen Bezeichnungen kommen aus dem »Land der unbegrenzten Möglichkeiten« und begeistern viele Menschen. Hauptsache, die Sportart hat keinen deutschen Namen.
Dann sind viele auch bereit, zu hopsen, zu springen und zu laufen.

Fatima findet Entspannung beim Waldlauf.
Ein Läufer mit »verkabeltem« Kopf und quietschender Musik kommt ihr entgegen. Als er vorbei ist kehrt Stille ein.
In der Ferne ein leises Geschnatter und Getrampel. Es wird lauter, als käme eine Herde. Eine gemischte Gruppe, Frauen und Männer, trabt an Fatima vorbei. Es ist eine »Nordic Walking«-Gruppe, die mit Stöcken wandert. Eine Sportart aus den USA, die viele Ältere überzeugt und zahlreiche Muskeln aktiviert.

Junge Menschen halten sich lieber hinter Schaufenstern in Sportstudios auf, um die nötige Fitness zu bekommen. Sie strampeln hinter Glas und schwitzen an Geräten. Sport lieber im klimatisierten Raum, als in der freien Natur.Auch ein geeignetes Umfeld, um zu kommunizieren und sich kennenzulernen.

Sport verbindet

Sportliche Begriffe fördern die Sprache und Integration. Ein Beispiel ist der Fußball.

Freude am Fußball haben viele Einwanderer. Von ihrer Herkunft meist an strenge Regeln gewöhnt, läuft auch der Fußballsport nach festen Regeln ab. Man hat klare Spielregeln und die Mannschaft ein gemeinsames Ziel, nämlich das Spiel zu gewinnen. Hat man als Mannschaft gewonnen, haben alle Spieler gewonnen, das Ziel gemeinsam erreicht. Man feiert den Sieg gemeinsam.

Hat die Mannschaft jedoch verloren, haben die Spieler gemeinsam verloren. Trotz unterschiedlicher Herkunft, Religion und Mentalität wird auch gemeinsam »getrauert«.

Leichter als andere Ausländer haben es Einwanderer aus Osteuropa und Russland, die sich als deutsche Aussiedler verstehen. Sie haben oft einen gewissen sprachlichen Vorteil, weil zumindest ein Familienmitglied deutsch sprach. Sie kennen Deutschland meist nur vom Hörensagen und sind im Regelfall traditionell geprägt.

Aber auch sie haben Schwierigkeiten, sich in der neuen Gesellschaft zurechtzufinden.

Deutschland soll nach den USA das Land mit dem höchsten Anteil von Zuwanderern sein. Doch wer in den USA eingebürgert wird, fühlt sich auch sofort als US-Amerikaner, spätestens dann, wenn er beim Schwur die Hand aufs Herz legt. Man ist in der Gesellschaft respektiert und fühlt sich nicht als »Mischling«. Sicherlich spielen klare gesetzliche Vorgaben dabei eine wesentliche Rolle. Eine doppelte Staatsbürgerschaft, wie sie in unserem Land diskutiert wird, kennt man in den USA nicht.

Um die deutsche Staatsangehörigkeit heutzutage zu erwerben, muss der Einwanderer die deutsche Sprache erlernen. Das Führungszeugnis reicht allein nicht aus. Neuerdings ist ein Nachweis über Kenntnisse in der deutschen Sprache vorzulegen. Tests werden durchgeführt.
Siebzehn von 33 Fragen müssen richtig beantwortet werden. Beispielsweise Fragen über das Rechts- und Gesellschaftssystem, Geschichte und Brauchtum.
Aber auch Fragen, wer die deutsche Nationalhymne schrieb, Aufgaben der Polizei, Zeitpunkt der Gründung der Bundesrepublik Deutschland und Bau der Berliner Mauer. Fragen, die heute kaum ein Deutscher beantworten kann.

Fatima freut sich auf ihr Zuhause. Sie witzelt, lacht, ist fröhlich und erzählt einen Witz: »Ein Mann spaziert am Ufer eines Sees entlang. Plötzlich Hilferufe. Ein Paddler, dessen Boot umgekippt ist, ruft: „Help me, help me!". Der Spaziergänger ruft: „Du hättest besser erst schwimmen lernen sollen und dann Englisch. „Mister Help-me" wurde dennoch gerettet.«

Fatima fliegt zurück in ihr Heimatland.

Mit dem Zug fährt sie zum »Airport«, nicht zum Flughafen. Dort wäre sie wohl nie angekommen. Sie hat auch keinen Flugschein, sondern ein »Ticket«. Mit einem Flugschein hätte sie auch gar nicht ausreisen können, aber mit einem Ticket. Damit ist das »Einchecken« am »Counter« problemlos.
Fatima erhält einen »Boarding-Pass« und geht zum »Exit« (Ausgang). Bevor sie zum »Gate« (dem Flugsteig) geht, schlendert sie noch durch den »Duty-Free-Shop«.
Dann wird ihr Flug wird aufgerufen. Sie fliegt mit der Lufthansa und noch nicht mit der »German-Air«.
Im Flugzeug hat sie Zeit und lässt ihre Erlebnisse Revue passieren.

Was hat sie gelernt?

Fatimas Sprachbilanz

»Wer unbedacht ein Fremdwort wählt
und das deutsche Wort für ihn nicht zählt,

wer »happy« sagt und glücklich meint
und »sunshine«, wenn die Sonne scheint,

wer »hot« gebraucht anstelle heiß,
»Know-how« benutzt, wenn er was weiß,

wer sich mit »sorry« kühl verneigt
und »Shows« abzieht, wenn er was zeigt,

wer »Shopping« geht statt einzukaufen
und »Jogging« sagt zum Dauerlaufen,

der bleibt zwar fit, doch merkt zu spät,
wenn er kein Wort mehr Deutsch versteht!«

(Verfasser unbekannt, meist
Friedrich K. Weibel zugeschrieben)

Deutsche Sprache und Integration

Vorweg, damit es keine Missverständnisse gibt: Die Sprache ist Voraussetzung für eine erfolgreiche Integration. In Deutschland ist dies die deutsche Sprache. Darüber sind sich alle Richtungen einig.

Wie glaubwürdig ist aber ein Staat, der einerseits von Einwanderern Deutsch als verbindende Umgangssprache verlangt, während in der Gesellschaft immer mehr deutsche Worte durch Anglizismen und »denglische« Wortkonstruktionen ersetzt werden.
Ein Widerspruch und die schlechteste Motivation für Einwanderer, Deutsch zu lernen.

Integration im Kindergarten

Die Sprache verbindet und hält gesellschaftliche Strukturen zusammen. Nicht nur in der Arbeitswelt. Integration gelingt nicht über Nacht. Sie beginnt bereits im Kindergarten.

Aber wie sieht die Praxis aus? Wenn die Kinder morgens von ihren Müttern oder Vätern zum Kindergarten gebracht und verabschiedet werden, dann hört man Laute in der jeweiligen Sprache des Heimatlandes.

Die Kinder können zwar meist fünfsprachig fluchen, aber keinen geordneten Satz in Deutsch sprechen. Das trifft übrigens auch für viele deutsche Kinder zu.

Die deutsche Sprache wird lückenhaft gesprochen, was für alle äußerst negativ ist. Ein Sprachproblem, das in die Schule mitgenommen wird.

Deshalb ist es von großer Bedeutung, dass bereits im Kindergarten das Interesse für die deutsche Sprache geweckt wird.

Pausengeschnatter

Beobachtet man auf Schulhöfen das Treiben der Schüler und hört, was gesprochen wird, so bietet sich ein zerrissenes Sprachbild: im Grunde ein Spiegelbild unserer Gesellschaft. Schüler stehen einzeln, zu zweit oder in gemischten Gruppen zusammen. Häufig in Sprachgruppen des Herkunftslandes. Natürlich lassen sich in der eigenen Muttersprache Gefühle am besten ausdrücken und Probleme erörtern.

Verkabelte Köpfe und Köpfe mit Glatze. Mädchen, bauchnabelfrei, die an dieser Stelle wirklich zu wenig Stoff zeigen.

Üppig genährte Kinder. Zierliche Mädchen und Mädchen mit Kurven. Kraftstrotzende Machos. Sie alle äußern sich hauptsächlich in ihrer Muttersprache.
Schüler, die Schirmmützen tragen, die in alle Himmelsrichtungen zeigen. Selbst im Unterricht können einige nicht darauf verzichten.
Andere tragen Hemden mit englischen Sprüchen. Was der Spruch bedeutet, wissen viele nicht.
Wieder andere tragen Trikots mit den Namen ihrer »Fußballhelden«; dabei ist die Nummer 10 mehrfach vertreten.

Ein Kompliment an die Werbung, die es verstanden hat, »lebende Litfaßsäulen« zu schaffen, mit denen man nicht nur für ein Produkt oder einen Verein wirbt, sondern die Menschen dazu bringt, diesen Artikel auch zu kaufen.
Ob sie sich als »uniformierte« Werbeträger sehen? Wohl nicht.

Schülerinnen und Schüler in engen Jeans mit Löchern. Andere mit abgewetztem Hosenboden bzw. Hosenbeinen.
Hier »Mode«, in der Dritten Welt wegen der Armut undenkbar. Man wäre froh, eine Jeans ohne künstlich geschaffene Löcher zu tragen.

Einzelne Schülerinnen und Schüler mit Tattoos – »abgestempelt«. Aber es sind »Modemuster«.

Die Klingel schrillt, und die Pause ist beendet. Im Unterricht spricht man wieder deutsch. Eigentlich selbstverständlich, denn dadurch wird keine andere Sprache diskriminiert.

Zuhause wird meist in der jeweiligen Muttersprache gesprochen. Kein Wunder, dass bei diesem »Sprach-Wirrwarr« sogenannte Parallelgesellschaften entstehen.

Die Schule wird neuerdings zum Spielball öffentlicher Diskussionen.
Eine größere Rolle als das Lernen scheint die Diskussion über die »Kopfnoten« zu haben. Sprache und schulische Leistungen treten in den Hintergrund.
Mit den »Kopfnoten« soll doch das Persönlichkeitsbild des Schülers herausgestellt werden. Im Grunde sollen außer Fachleistungen auch andere Eigenschaften benotet werden, die für den späteren Berufsweg nicht unbedeutend sein können. Denn Sprach- und Rechendefizite machen es für Unternehmer immer schwerer, geeignete Bewerber zu finden. Rechtschreibfehler und unvollständige Sätze zeigen sich schon im Bewerbungsschreiben.

Selbst die Feuerwehr hat Schwierigkeiten, geeignete Bewerber zu finden. Nicht allein bestehen Defizite im Bildungssystem, sondern auch im körperlichen Bereich sind sie zu beklagen. »Muskelbepackte« Bewerber lassen zwar ihre Muskeln spielen, sind aber kaum in der Lage, einen Dauerlauf zu machen.
Nach einer Studie bei mehr als 20.000 Schülern im Alter zwischen sechs und 18 Jahren nimmt die körperliche Verfassung immer mehr ab.
Eine sehr negative Bilanz in Sprache, Bildung und Körperkultur.

Im Internet ist über »Kopfnoten« ein Meinungsforum gebildet worden.
Schüler können nunmehr auch ihre Lehrer benoten. Das gehört zur Meinungsvielfalt, meint auch eine höchstrichterliche Instanz. Man spricht von einer Feedback-Kultur (»Rückfluss«-Kultur).

Offen bleibt die Frage, ob ausgerechnet das Internet die richtige Plattform ist, zwischen Schülern und Lehrern den »Notenkampf« auszutragen. Noch mehr Demokratie oder eine weitere Polarisierung?

Wie hätten Sie's denn gern? Die Rechtschreibreform

Die deutsche Sprache ist schwer, äußern zunehmend auch viele Deutsche. Aber jede Sprache ist schwer, will man sie perfekt sprechen und schreiben. Deutsch gesprochen soll sich »gebellt« anhören. Es gibt auch andere Sprachen, die hart klingen. Kein Zweifel, dass sich Sprachen wie Französisch oder Italienisch melodischer anhören.

Eine Sprache verändert sich.
In unserem Land wurde die deutsche Schriftsprache künstlich, und zwar »von oben nach unten«, geändert. Das Ganze nannte man Sprachreform.
Offiziell hieß es, dass die deutsche Schrift-sprache vereinfacht werden sollte.
Experten und Bürokraten diskutierten und veränderten die Sprache.

Ein Aufschrei erfolgt, quer durch alle Schichten, nachdem das Ergebnis bekannt wird.
Der deutsche »Sprachsalat« ist nach Englisch, Denglisch und Deukisch nun endgültig perfekt.

Weil eine übergreifende Autorität in unserem Land fehlt, sind Sprache, Schule und Kultur

Ländersache. Das heißt, dass in unserem föderativen System 16 unterschiedliche Bundesländer darüber beraten, darunter konservative und progressive. Außerdem nahmen auch deutsch sprechende Nationen wie Österreich und die Schweiz Einfluss. Es wurde geändert und wieder verworfen.

Der von der Kultuskonferenz eingesetzte Rat für die deutsche Rechtschreibung schweigt zu den Diskrepanzen in der Rechtschreibreform.

Offizielle Wörterbücher haben verschiedene Schreibweisen.

»Papa«, fragt der Sohn, »sind das Dahlien oder Chrysanthemen?« »Chrysanthemen«, antwortet der Vater. »Und wie schreibt man das?« fragt der Sohn. »Nein«, erwidert der Vater, »ich glaube, es sind doch Dahlien.«

Gegen diesen »Sprach-Wildwuchs« regt sich Widerstand. Federführend ist der »Verein der deutschen Sprache«, der mit über 30.000 Mitgliedern weltweit größte Sprachverein.

Kommt eine weitere Sprachreform?

Wie sollte sie aussehen? Etwa so?

»Wir ändern morgen, wir ändern heut,
wir ändern wütend und erfreut.

Wir ändern, ohne zu verzagen,
an allen sieben Wochentagen.

Wir ändern teils aus purer Lust,
mit Vorsatz teils, teils unbewusst.

Wir ändern gut und auch bedingt,
weil ändern immer Arbeit bringt.

Wir ändern resigniert und still,
wie jeder es so haben will.

Die Alten ändern und die Jungen,
wir ändern selbst die Änderungen.

Wir ändern, was man ändern kann,
und stehen dabei unsern Mann.

Und ist der Plan auch schon gelungen,
bestimmt verträgt er Änderungen.

Wir ändern deshalb früh und spät,
alles was zu ändern geht.

Wir ändern heut und jederzeit,
zum Denken bleibt uns wenig Zeit

– Änderungen vorbehalten!«

(Prof. Dr. Bodo Runzheimer, Professor für Betriebswirtschaftslehre)

Jede Sprache ist Ausdruck der Kultur eines Volkes. Friedrich Schiller (1795-1805) formulierte es zu seiner Zeit wie folgt:

»Die Sprache ist der Spiegel der Nation. Wenn wir in diesen Spiegel hineinschauen, so kommt uns ein treffliches Bild von uns selbst daraus entgegen. Wie menschlich Menschen sind, zeigt ihr Umgang mit der Muttersprache.«

Solange die Muttersprache eines Volkes in Gefahr ist, ist auch die Kultur eines Volkes in Gefahr. Es ist spät, aber noch nicht zu spät. Wie soll man die Menschen sensibilisieren? Der Autor hat deshalb sein Buch provokativ mit »Sprachorgasmus« betitelt.

Der Autor

In den vierziger Jahren in Pommern geboren, wuchs Siegfried »Siggi« Sawall in der ehemaligen Deutschen Demokratischen Republik (DDR) auf.
Weihnachten 1957 fiel sein Blick auf eine Weihnachtsbaumkugel, die vor dem dunklen Hintergrund bläulich leuchtete – genau so stellte er sich die Erde im Weltraum vor. In diesem Moment wurde sein Wunsch, die Erde kennenzulernen, geboren. Doch »Reisen um die Welt« war aus der DDR fast unmöglich. Seine Reisewünsche ließen sich nur »im Westen« erfüllen, und so verließ er Anfang der 1960er Jahre die DDR und kam nach Wuppertal.
Seitdem hat der ehemalige Torwart des Wuppertaler Sportvereins (WSV) und Weltenbummler Siggi Sawall mehr als 190 Länder und Gebiete der Erde bereist.

Seine weit gefächerten Interessen, insbesondere an Politik, Wirtschaftspolitik, Sport und Psychologie sowie seine Leidenschaft, Menschen in ihrem Alltag zu beobachten, zeigen sich in seinen Büchern. Darin ordnet er seine Erlebnisse in größere Zusammenhänge ein und erzählt vom Alltag der Menschen, denen er auf der Welt begegnet.

Bisher veröffentlichte Bücher des Autors

»Erlebter Nordpol – unterwegs mit dem größten Atomeisbrecher der Welt«
(ISBN 978-3-8334-0587-7)

»Der Autor Siggi Sawall war einer von etwas über 2.000 Menschen, die je den Nordpol erreichten. Er beschreibt den Nordpol in seiner ergreifenden Schönheit und fürchterlichen Bedrohlichkeit.«

»Wildnis am Rande der Welt«
(ISBN 978-3-8334-3161-6)
»Die Wildnis, die der Autor beschreibt, liegt hoch im Norden. Es ist eine von Menschen unberührte Natur.
Eine Schiffsexpedition, die nach Kamtschatka, zu den Kurilen- und Beringinseln, zur Inselwelt der Aleuten führte. Menschen, die im russischen Teil fast 60 Jahre von der Außenwelt isoliert waren. Mit Buschpiloten durch Alaska. Fahrt mit der nostalgischen Eisenbahn, die vor mehr als 100 Jahren Goldgräber in die Provinz Yukon brachte. British Columbia bis hin zu den Rocky Mountains und Vancouver – zurück mit einem blinden Passagier. Erdbeben und Vulkanausbrüche erheblichen Ausmaßes veränderten die Natur. Es ist eben die Wildnis am Rande der Welt.«

»Hell und Dunkel«
(ISBN 978-3-8334-5431-8)

»Lebhaft und bildreich beschreibt der Autor Siggi Sawall den Nordpolarkreis, an dem das Spiel aus hell und dunkel, Licht und Schatten, ganz eigenen Gesetzen folgt. Der Wechsel von Tag und Nacht wird hier gemessen im Wechsel der Jahreszeiten. Den Sommer über haftet die Sonne über dem Nordpolarkreis und flutet ihn verschwenderisch mit Licht, keine nächtliche Dunkelheit duldend, um sich schließlich erschöpft einem langen Winterschlaf hinzugeben, in dem der Mantel der Polarnacht das ganzjährige Gleichgewicht von hell und dunkel wieder herstellt, von Zeit zu Zeit lediglich durch ein momenthaftes Erröten des Horizontes durchbrochen, in dem Sonnenauf- und –untergang zu einem einzigen, flüchtigen Ereignis zusammenfallen.
Was der Autor beschreibt, sind Landschaften und Erlebnisse voller Verzauberungen und Überraschungen. Von Husky-Touren durch die tief verschneiten Wälder Skandinaviens, einen Aufenthalt im Eishotel für »coole« Typen, bis hin zur Schilderung einer abenteuerlichen Seereise auf einem umfunktionierten Frachtschiff sowie einem Schiff mit Ziel Grönland, das am Kap Farvel

in einen Hurrikan gerät und nach der Kollision mit einem Eisberg zu sinken droht – alles in allem eine authentische und spannende Erzählung mit Witz und Humor.«

»Mit dem »Rollenden Hotel« durch Amerika«
(ISBN 978-3-8370-4804-9)

Amerika – das Land der unbegrenzten Möglichkeiten und der Superlative. Das Land, in dem Millionen von Menschen den »American Dream« träumen, eines Tages aus eigener Kraft vom Tellerwäscher zum Millionär aufzusteigen. Ein Land, das vom Nimbus der Freiheit und Selbstbestimmung umgeben ist. Doch was verbirgt sich wirklich dahinter?
Wenn man von Amerika spricht, und damit sind »natürlich« grundsätzlich die USA gemeint, muss man sich bewusst sein, dass es DIE USA gar nicht gibt. Amerika ist ein Staatenbund aus 50 Einzelstaaten, die in ihren Extremen unterschiedlicher kaum sein könnten – vibrierend, vielfältig, widersprüchlich. Man könnte jeden Tag ein neues Kapitel über Amerika schreiben. Doch was macht es so anziehend und interessant? Der Autor begibt sich in einem »Rollenden Hotel«, einer Art Riesenwohnmobil, auf eine Erlebnisreise quer durch die USA,

vom Atlantik bis zum Pazifik, von der Grenze Kanadas bis zur Grenze Mexikos. Dabei erzählt er bildreich und informativ über seine Erlebnisse und Eindrücke von den Urlandschaften der Nationalparks, von New Orleans nach dem Hurrikan »Katrina«, Elvis Presleys Wirken in Memphis, dem »Weltraumbahnhof« Kennedy Space Center und vielem, vielem mehr – Amerika, wie Sie es bisher noch nicht kennen gelernt haben.

»Von Wassersuppe in die Karibik«
(ISBN: 978-3-8391-0082-0)

Die karibische Inselwelt bildet für viele Menschen den Stoff ihres Fernwehs und ihrer Träume: weiße Strände, smaragdfarbenes Meer und lebensfrohe Bewohner. Ein langer und abwechslungsreicher Wasserweg führt von Wassersuppe am Hohennauner See in Deutschland durch den stürmischen Atlantischen Ozean, vorbei an den Azoren, durch das Bermudadreieck bis hin zur Karibik. Autor Siggi Sawall hat sich auf diese abenteuerliche Schiffsreise gemacht und ein buntes Potpourri an klangvollen und malerischen Städtchen, Inseln und Ländern, kennen gelernt.
Begleiten Sie Weltenbummler Siggi Sawall auf dieser bunten und bilderreichen Reise.

Basierend auf seinen Reiseerlebnissen beschreibt Siggi Sawall in einer Buchreihe die Welt vom Nordpol bis zum Südpol – zwischen Himmel und Erde, Wasser und Eis, Tieren und Menschen, Kulturen, Abenteuern und Besonderheiten.

Die Bücher von Siggi Sawall sind in allen Buchhandlungen in Deutschland, Österreich und der Schweiz sowie im Internet unter www.libri.de, www.amazon.de und anderen Internetbuchhändlern zu bestellen.

Die Bücher sind bebildert und werden auf den Buchmessen in Leipzig und Frankfurt ausgestellt.